Coleção
Conversas sobre
cidadania

EDSON GABRIEL GARCIA

As caras da violência

A construção da paz
e a valorização da vida

Edição renovada

São Paulo – 2014

FTD

Copyright © Edson Gabriel Garcia, 2014
Todos os direitos reservados à
EDITORA FTD S.A.
Matriz: Rua Rui Barbosa, 156 – Bela Vista – São Paulo – SP
CEP 01326-010 – Tel. (0-XX-11) 3598-6000
Caixa Postal 65149 – CEP da Caixa Postal 01390-970
Internet: www.ftd.com.br – E-mail: projetos@ftd.com.br

Gerente editorial	Ceciliany Alves
Editora executiva	Valéria de Freitas Pereira
Editor assistente	J. Augusto Nascimento
Gerente de produção editorial	Mariana Milani
Coordenadora de produção	Marcia Berne
Coordenadora de preparação e revisão	Lilian Semenichin
Preparadora	Maria F. Cavallaro
Revisora	Maria de Lourdes de Almeida
Coordenador de arte	Eduardo Evangelista Rodrigues
Editora de arte	Andréia Crema
Projeto gráfico	Estúdio Sintonia
Diagramação	Estúdio Sintonia
Editoração eletrônica	Alicia Sei
Tratamento de imagem	Ana Isabela Pithan Maraschin e Eziquiel Racheti
Ilustradora	Isabela Santos
Supervisora de iconografia	Célia Rosa
Pesquisa iconográfica	Daniela Ribeiro
Diretor de operações e produção gráfica	Reginaldo Soares Damasceno

Edson Gabriel Garcia é educador e escritor. Sempre viveu em meio a escolas, projetos, crianças e jovens, escrevendo e desenvolvendo programas de incentivo à leitura. Além de seus livros de literatura infantil e juvenil, vem escrevendo sobre cidadania e comportamento social e político.

Dados Internacionais de Catalogação na Publicação (CIP)
(Câmara Brasileira do Livro, SP, Brasil)

Garcia, Edson Gabriel

As caras da violência : a construção da paz e a valorização da vida / Edson Gabriel Garcia. – 1. ed. – São Paulo : FTD, 2014. – (Coleção conversas sobre cidadania)

"Edição renovada".
ISBN 978-85-322-9910-9 (aluno)
ISBN 978-85-322-9915-4 (professor)

1. Cidadania 2. Ensino fundamental 3. Paz 4. Violência 5. Violência nas escolas I. Título. II. Série.

14-07232   CDD-372.832

Índices para catálogo sistemático:
1. Paz e violência : Cidadania :
    Ensino fundamental   372.832
2. Violência e paz : Cidadania :
    Ensino fundamental   372.832

Começo de conversa

Cidadania é assunto que não tem fim. Há sempre algo a mais para se conversar. É história para a vida toda.

A vida em sociedade depende da cidadania, para que todos possam viver de maneira mais justa, digna e feliz. Por isso, sempre é tempo de puxar conversa e bater um papo sobre **respeito**, **solidariedade**, **direitos e deveres**, **cooperação**, **participação**. Conversar sobre violência, identificando suas caras e causas, pode ser um bom caminho para iniciarmos a construção da paz.

Assim, no dia a dia, pouco a pouco, pelo esforço de cada um e de todos juntos, com base na reflexão sobre o nosso cotidiano e a mudança de pequenas atitudes, a vida pode se tornar melhor, mais digna e mais tranquila para todos nós!

Sumário

1. Brigas 6

2. Na sala de aula 10

3. Aquilo que todo mundo fala 14

4. Os quatro cavaleiros da paz 18

5. Outra aula, novas conversas 21

6. Início de conversa 26

7. As caras da violência 29

8. Desabafo 37

9. Alguns modos de construir a paz 42

10. Uma tarefa cidadã 46

1. Brigas

Beth, a diretora da escola, e Verinha, a coordenadora pedagógica, conversavam sobre uma carta anônima denunciando os vendedores ambulantes da porta da escola como traficantes, quando a inspetora de alunos entrou na sala, sem pedir licença, quase arrastando dois meninos. E foi falando:

– Dona Beth, ninguém mais aguenta este menino! Veja o que ele fez no rosto do outro!

Eram Marquinhos e Alex. Alex era o acusado pela inspetora. Marquinhos era o "outro"!

Ambos estavam com a roupa desarrumada, suja de terra e cara de assustados. O rosto de Marquinhos tinha dois fortes arranhões.

Beth e Verinha levaram também um susto, pelo jeito como a inspetora entrou na sala e pelo rosto do menino.

– Meu Deus, o que foi isso? – perguntou a diretora.

– Credo, gente! Parece que vocês querem se matar! – exclamou Verinha.

Os dois garotos encolheram-se e acalmaram-se. Sabiam que viria bronca das grandes, principalmente da Verinha, coordenadora. Bronca seguida de sermão e da presença dos pais na escola.

– Que coisa! Vocês... – e a bronca veio, comprida, demorada... e cheia de razão.

Depois veio o pedido de explicação.

Eles continuaram em silêncio. Trocaram apenas olhares ainda raivosos pelo ocorrido.

– Você, Marquinhos, que está com o rosto machucado, o que foi que aconteceu?

Como todo fato tem pelo menos duas versões, elas ouviram a explicação de cada um deles.

O ALEX VIVE TIRANDO SARRO DA MINHA CARA. ME OFENDE, ME CHAMA DE PIPA, DE ROLHA DE POÇO. ENTÃO EU NÃO AGUENTEI MAIS E RECLAMEI. ELE NÃO GOSTOU E AINDA ME BATEU.

– E você, Alex? Parece que ninguém mais suporta você aqui na escola. Dessa vez, o que aconteceu? Como das outras vezes, você não tem culpa de nada?

CULPA NÃO TENHO MESMO. NÃO FOI DESSE JEITO QUE ACONTECEU. NUNCA OFENDI ELE. TODO MUNDO CHAMA ELE DE BOLA DE SEBO, DE PIPA, DE ROLHA... SÓ COMIGO ELE ACHA RUIM. E AINDA POR CIMA ME XINGOU DE CHULÉ, E ELE SABE QUE ODEIO ESSE APELIDO. TODOS QUE ME XINGAM DE CHULÉ NÃO FICAM SEM RESPOSTA.

Beth e Verinha mais uma vez estavam diante de uma situação bem conhecida: um desentendimento entre dois alunos, violência, e ambos afirmando ter razão.

E isto estava acontecendo com certa frequência na escola. Nas últimas reuniões com os pais, a reclamação da violência entre os alunos tinha sido muito grande. O mais interessante é que os pais, além de preocupados com o problema, estavam interessados em ajudar a escola a encontrar meios de melhorar a convivência.

Foi por isso que Beth e Verinha, depois que os meninos foram para a sala, decidiram que já era hora de fazer alguma coisa contra a violência, em favor de uma convivência mais pacífica. Tinham o apoio dos pais.

Professores, funcionários e alunos certamente aceitariam discutir o problema.

Entenda um pouco mais

Bullying

Referir-se às pessoas, chamando-as por apelidos não é uma atitude aceitável. Principalmente quando o apelido é irônico, maldoso, sarrista e ofensivo. Quando isso acontece, estamos diante de um caso de *bullying*. Palavra de origem inglesa, que significa o conjunto de "atos de um valentão", *bullying* é o nome que também damos aos comportamentos agressivos e antissociais. São comportamentos repetitivos praticados por uma pessoa ou grupo contra alguém mais fraco ou fragilizado, com a intenção clara de magoar, maltratar, gozar, tirar sarro e ofender. Atitude covarde, o *bullying* pode afetar até a saúde mental da vítima.

O *bullying* envolve os agressores (os que praticam a violência), as vítimas (os que sofrem a agressão) e os espectadores (pessoas que não praticam nem sofrem, mas assistem à prática sem na maioria das vezes nada fazerem para combatê-la). Escolas, por ser um espaço de circulação diária de centenas de crianças e jovens, são palcos frequentes do *bullying*.

Atualmente, uma nova modalidade desse comportamento covarde vem ganhando espaço na vida das crianças e jovens: o *cyberbullying*. É um tipo de agressão mais amplo, silencioso e violento, pois se espalha com incrível rapidez e facilidade graças aos moderníssimos aparelhos celulares e pequenos computadores de mão.

O *bullying*, qualquer que seja a sua cara, por seu potencial de dano à saúde, será sempre um ato desrespeitoso e agressivo que tem que ser banido da convivência entre as pessoas de uma comunidade. Não aceite desculpas do tipo "foi brincadeira" ou "não fiz por mal" ou "foi brincadeira entre amigos" ou "ele/ela não liga".

O *bullying* causa conflitos, angústia e sentimentos de dor e desprazer, além de diminuir a autoestima.

Por ser, muitas vezes, camuflado, escondido e dissimulado, deve ser denunciado, recusado e combatido.

2. Na sala de aula

Os dois entraram na sala de aula um pouco atrasados, em razão da conversa com a diretora e a coordenadora. A aula já havia começado. Como sempre acontece, a professora Yvone interrompeu momentaneamente o que estava fazendo para os dois se acomodarem. Observou o rosto ferido de um e a cara lavada do outro. Fez um comentário.

– Outra vez alguém se achou no direito de machucar um companheiro.

A resposta de Alex veio imediatamente:

– Ele me xingou e depois não aguentou.

Marquinhos retrucou no ato:

– Foi ele que começou... e faz tempo que me provoca me chamando de gordo, de rolha de poço.

– Mas você também me xingou de Chulé. Bem que meu pai falou pra não levar desaforo pra casa.

Antes que a coisa pegasse fogo outra vez, dona Yvone entrou na conversa.

— Alto lá, moçada! O que vocês estão pensando? Aqui não é academia de boxe! Será que ninguém respeita mais ninguém? Ninguém mais quer ser amigo de ninguém? Parado aí! Precisamos dar um jeito nisso, e vamos começar já!

Um silêncio pesado tomou conta da classe, enquanto a professora tomava fôlego.

— Vamos acabar imediatamente com essa história de olho por olho, dente por dente.

Entenda um pouco mais

O ditado "olho por olho, dente por dente" é uma máxima que resume a chamada Lei de Talião. Seu princípio consiste numa equivalência rigorosa entre o crime e a pena. Aplicando-se essa lei, por exemplo, se um agressor causou a morte de alguém, deveria ser morto pelo crime. Seus primeiros registros estão no Código de Hamurábi, escrito em 1780 a.C., no Reino da Babilônia. Esse código encontra-se escrito em um pedaço único de pedra.

Leia a seguir um trecho da Lei de Talião no Código de Hamurábi:

XII – DELITOS E PENAS (LESÕES CORPORAIS, TALIÃO, INDENIZAÇÃO E COMPOSIÇÃO)

196º – Se alguém arranca o olho a um outro, se lhe deverá arrancar o olho.

197º – Se ele quebra o osso a um outro, se lhe deverá quebrar o osso.

[...]

200º – Se alguém parte os dentes de um outro, de igual condição, deverá ter partidos os seus dentes.

Extraído de: <www.culturabrasil.org/zip/hamurabi.pdf>. Acesso em: 19 jan. 2014.

Hamurábi (1810 a.C.-1750 a.C.), rei do Império Babilônico.

– Como assim, professora? O que quer dizer isso?
– É um ditado popular que significa responder do mesmo jeito. Aliás, em nossa língua, há muitos ditados desse tipo, que aceitam, justificam e até estimulam a violência. Muitos deles nós usamos sem perceber.

Quem com ferro fere com ferro será ferido.

Quem pode mais chora menos.

Escreveu não leu, o pau comeu.

Os incomodados que se mudem.

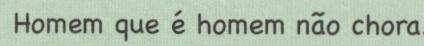

Homem que é homem não chora.

— Quer dizer que nós falamos essas coisas?

— Falamos. E falamos sem pensar nas consequências da nossa atitude.

— Por que fazemos isso, professora?

— Aí está uma boa pergunta!

— E tem resposta, dona Yvone?

— Claro! Podemos até não concordar com a explicação, mas ela existe. E a resposta vai ficar para a próxima aula. Agora, eu quero a garantia dos dois brigões de que nada mais vai acontecer.

> Que outras expressões populares agressivas usamos no dia a dia?

3. Aquilo que todo mundo fala

Na aula seguinte, a professora chegou empolgada para continuar a conversa com seus alunos. E recomeçou fazendo uma provocação, lançando uma questão para eles.

– Imaginem que um dia eu chegue aqui na classe e distribua um texto com um grande problema para vocês resolverem. E acrescente: vocês só podem ler uma vez e têm dois minutos para resolvê-lo. Dá pra resolver o problema desse modo?

– NÃÃÃÃÃÃO!!! – a resposta veio em coro.

– E por que não?

— Muito bem! Muito bem! As respostas de vocês estão corretas. Para resolver bem um problema, é preciso pensar sobre ele. Pensar bem, pensar muito, repensar, analisar, pensar com profundidade, pensar nos prós e nos contras, analisar todos os aspectos do problema.

— Ufa! Tudo isso?

— Tudo isso! É o que chamamos de reflexão. Quando não fazemos isso bem feito, ficamos na superfície do problema, damos uma resposta rápida, mal pensada, a primeira coisa que vem à cabeça. Às vezes até podemos dar uma resposta que nem é aquela que acreditamos ser a melhor. Outras vezes damos uma resposta que é o jeito de outra pessoa pensar, não aquilo que pensamos. Já que todo mundo fala e pensa assim, a gente vira maria vai com as outras e acaba falando o que os outros falam.

— É, a senhora tem razão.

— Pois é, esse tipo de resposta nós chamamos de senso comum. Um exemplo de senso comum são os provérbios e ditados populares. Vamos repetindo frases, falando de coisas e comportamentos sem pensar muito, sem uma discussão mais profunda e... cometendo erros. Como aquela frase que o Alex disse no dia da briga: "não levar desaforo para casa".

– Que mais, professora?
– Iii... É só pensar um pouco, e vocês vão ver quantas coisas nós repetimos sem pensar no significado. Vou dar outros exemplos:

"Brasileiro é preguiçoso."

"Bandido bom é bandido morto."

"Nenhum político presta."

"Primeiro eu bato, depois eu ouço."

"Bateu, levou."

"A justiça não funciona."

"A lei só é aplicada aos pobres."

"Todo mundo é corrupto."

"Cadeia não foi feita pra rico."

– Quer dizer que tudo isso é o tal de senso comum?
– É.
– Mas, dona Yvone, o que tem a ver com a briga do Alex e do Marquinhos?
– Ótima pergunta. Alguém gostaria de responder por mim?
Silêncio.
– Posso tentar?
– Claro, Janaína. Vamos lá...
– Eu acho que os dois não pensaram muito sobre sua amizade. Eles não precisavam brigar. Se tivessem conversado, poderiam ter se entendido e nenhum dos dois levaria desaforo para casa.
– Muito bem, Janaína. Essa história de que "homem que é homem não leva desaforo pra casa" é justamente uma afirmação de senso comum. As pessoas pensam que é a forma mais correta de agir e vão repetindo a frase e o comportamento, cometendo erros, sem pensar em outro modo de se comportar.

Nos pequenos olhos dos dois meninos, brilhou um ar de pensamento novo.

– Melhor do que não levar desaforo pra casa seria levar o resultado de uma boa conversa. Bom, isso é conversa pra outro dia.

Entenda um pouco mais

Leia o significado de algumas palavras importantes do texto:

ANALISAR: observar, examinar em detalhes. Decompor em partes um assunto para estudá-lo a fundo.

PENSAR: refletir, meditar, raciocinar, julgar, avaliar pelo raciocínio.

SENSO COMUM: conjunto de opiniões geralmente tão aceitas que as opiniões contrárias parecem absurdas.

4. Os quatro cavaleiros da paz

Outra aula, novas conversas.

– Continuei pensando naquilo que nós conversamos sobre o desentendimento do Alex e do Marquinhos. Fiz algumas anotações e vou comentar com vocês. Fiquei pensando que nossa convivência pacífica depende de quatro coisas. Vou mostrá-las a vocês.

A professora foi colocando na lousa quatro cartazes, um de cada vez.

> **Solidariedade:** gesto de bondade com as outras pessoas.
> **Cooperação:** trabalho conjunto de um grupo ou equipe.
> **Generosidade:** virtude em que alguém acrescenta, doa algo a outra pessoa.
> **Alheios:** dos outros.
> **Mútuo:** de uma pessoa com outra.

Solidariedade

Cooperação

Ajuda, generosidade

Participação na solução de problemas

Sentimento de ajuda à comunidade

Justiça

Obediência às leis comuns

Igualdade diante das leis

Respeito aos direitos e deveres

Respeito às regras e normas coletivas

Diálogo

Entendimento

Troca de ideias, negociação

Esclarecimento de conflitos

Valorização das palavras dos outros

Respeito aos argumentos alheios

Comparação de ideias

Trabalho em grupo

Trabalho com diferentes pontos de vista

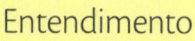

Respeito mútuo

Respeito de um pelo outro

Respeitar e ser respeitado

Colocar-se no lugar do outro

Entender e aceitar diferenças

Ela foi explicando cada cartaz, fazendo comentários e dando exemplos. Preferia dar exemplos positivos, ressaltando as qualidades de seus alunos.

Solidariedade e cooperação
*Quando a Márcia ajuda a Paula nos exercícios de Matemática, ela está sendo **solidária**, **cooperativa**.*

Generosidade
*Quando o Pedro Henrique traz a sua bola nova e chama todos para jogar, ele está sendo **generoso**, dividindo o que é seu com os colegas.*

Direitos e deveres iguais
*Quando o João Paulo fica bravo porque tem gente que não participa direito nos trabalhos em grupo, ele está cobrando **igualdade de direitos e deveres** para todos.*

Respeito
*Quando eu digo que tarefa marcada com antecedência para um dia tem de ser apresentada nesse dia, eu não estou sendo chata. Estou querendo que vocês aprendam a cumprir seus deveres e a **respeitar o meu trabalho**.*

> Você se lembra de alguma situação que tenha vivido que seja um exemplo de solidariedade, justiça, diálogo ou respeito mútuo?

Saber ouvir

*Quando nós temos problemas aqui na classe, como aquele da sujeira que apareceu e ninguém sabia nem queria apontar o autor, e eu divido o problema com vocês para encontrarmos a solução, o que estamos fazendo é trabalhar juntos, **ouvindo diferentes pontos de vista** e solucionando problemas que são de todos nós.*

Esclarecimento de conflitos

Quando dois alunos da mesma classe discutem e trocam ameaças por conta de alguém de que ambos estão gostando, e o professor mediador de conflitos conversa, ouve, discute e busca solução, ele está exercitando a negociação, ouvindo opiniões diferentes e esclarecendo conflitos.

— Nossa! Quanta coisa acontece e a gente nem pensa direito sobre elas!

— Muita coisa! E espero que, a partir de agora, vocês possam pensar um pouco mais nesses quatro cavaleiros da paz na hora de agir.

5. Outra aula, novas conversas

A briga dos dois meninos foi provocando mais e mais conversas.

Em uma das aulas seguintes, Cíntia ergueu a mão, pedindo a atenção da professora.

– O que é, Cíntia?

– Sabe, professora, eu falei para o meu pai sobre os quatro cavaleiros da paz. Ele deu uma risadinha e respondeu: "Ah! Se o mundo de verdade fosse igual a esse que a sua professora está mostrando para vocês, seria muito bom!".

– Seu pai tem razão, Cíntia.

– Ué, então o que a senhora falou não valeu nada?

– Não. Seu pai tem uma parte de razão. O mundo não é mesmo assim. Nem todos são respeitosos, **tolerantes**, atentos, justos, **conscienciosos** e abertos ao diálogo. Não se nasce assim. São coisas que nós vamos aprendendo ao longo da vida, na escola, em casa, com os amigos, na política, na igreja etc. Uns aprendem depressa, outros aprendem devagar. Algumas pessoas aprendem e esquecem depressa, outras aprendem e não colocam em prática. O importante é estar atento, certo?

> **Tolerantes:** que aceitam as diferenças.
> **Conscienciosos:** cuidadosos.

Cíntia respondeu que sim, aparentemente não muito convencida da explicação da professora.

Depois desse episódio, a professora Yvone ficou com mais uma preocupação. Pouco conseguiria com o seu trabalho de sala de aula se em casa os pais dos alunos falassem coisas contrárias. Ela levou essa preocupação para Beth e Verinha.

– Vocês já pensaram como ficará a cabeça das crianças? Na escola se fala uma coisa; em casa, outra; e na rua, outra.

— Você está correta em sua preocupação, Yvone. Mas a sociedade é assim mesmo: vivemos permanentemente em meio a opiniões diferentes, contraditórias. O que precisamos fazer é acreditar nas coisas que falamos e fazemos aqui na escola e trabalhar para que elas possam ser importantes na vida das crianças e de seus familiares.

Verinha também entrou na conversa:

— Pois é. Nós, aqui na coordenação, lidamos diariamente com vários problemas e diferentes opiniões. E aprendemos logo que, se não contarmos com a ajuda da família, o quadro de violência que vivemos hoje só vai crescer.

– Pensando nisso, já marcamos uma reunião com os pais de alunos interessados. E estamos contando com você para a preparação da reunião.

– Nossa proposta é COMEÇAR PELO RECREIO.

Entenda um pouco mais

Prêmio INNOVARE e o Botão do Pânico

O combate à violência precisa ser estimulado. É o que faz, por exemplo, o Instituto Innovare, uma organização não governamental que congrega membros do Poder Judiciário brasileiro, ao instituir o Prêmio Innovare (www.premioinnovare.com.br), há dez anos, que dá destaque a iniciativas criativas que ocorram nas instâncias da justiça brasileira e que ajudam a melhorar o seu desempenho.

Em 2013, na 10ª edição do prêmio, uma das práticas premiadas foi a instituição do Botão do Pânico. Trata-se de uma iniciativa da justiça do Estado do Espírito Santo, um dos estados com alto índice de violência doméstica. A justiça seleciona vítimas da violência doméstica e dá a elas o chamado "botão do pânico", um aparelho eletrônico que, quando acionado, ajuda a segurança a localizar a pessoa portadora do aparelho, evitando assim que o agressor se aproxime ou tente alguma coisa contra ela. A Guarda Civil de Vitória, capital do estado capixaba, fica alerta e de prontidão para atender imediatamente o chamado eletrônico, localizando a vítima e afastando o agressor. Além disso, o "botão do pânico" grava os sons do local, que poderão ser usados contra o agressor.

Iniciativa premiada, interessantíssima, que pode ser ampliada para todo o país. Certamente, os agressores pensarão duas vezes antes de uma atitude ameaçadora e agressiva contra suas vítimas.

É desse modo, criativo e inteligente, ágil e de fácil manejo, que também se pode cuidar mais e melhor das pessoas frequentemente vitimadas.

Momento para reflexão

1 Pense na sua escola, na sua classe, nos seus colegas. Vocês também brigam uns com os outros?
_____
_____

2 Que tipo de agressão você mais vê em sua escola?

☐ brigas ☐ empurrões ☐ falta de coleguismo

☐ xingamentos ☐ falta de respeito pelo professor

3 Você concorda com o jeito de viver das pessoas que aplicam no dia a dia o ditado "olho por olho, dente por dente"? Por quê?
_____
_____

4 Depois de ler sobre o assunto, você entendeu o que é senso comum?
_____
_____

5 Afirmar que "homem que é homem não chora" é uma afirmação verdadeira?
_____
_____

6 Quais são os Quatro Cavaleiros da Paz?
_____

7 Cite atitudes suas que possam ser exemplos de cada cavaleiro da paz.
_____
_____

8 Você também pensa que na escola se ensina uma coisa e que lá fora se faz outra?
_____
_____

6. Início de conversa

Foi marcada uma reunião com pais, professores e alunos interessados no problema da violência.

Antes da reunião, a professora Teresa tomou emprestada uma câmera filmadora e registrou imagens do recreio. Entre risinhos e olhares atentos, as crianças e seus pais viram a alegria da garotada curtindo o recreio. Mas não foi só isso, não. Viram também muita violência, muita agressão e desrespeito nas brincadeiras: gritos, chutes, empurrões, correria.

Depois da apresentação do vídeo, certo desconforto tomou conta de todos.

– Nossa, é assim mesmo?

– É, sim, mamãe.

Um dos pais tentou justificar o comportamento das crianças:

— Bem, dona Verinha, se a maioria das crianças é violenta, os pais precisam tomar uma providência. Não podemos deixar nossos filhos apanhar todo dia. Eles precisam aprender a se defender. Têm que bater, empurrar, xingar também.

— Pois é, senhor, aí está um primeiro problema. Pense um pouco comigo.

— Se muita gente está roubando e matando, eu também tenho o direito de roubar e matar? Se muitas crianças na escola agem com violência, isso dá o direito às outras crianças de também serem violentas? E o respeito, a solidariedade, o diálogo? Somos obrigados a fazer tudo o que os outros fazem? Não tenho o direito de pensar, analisar, refletir e escolher agir de outro modo? Portanto, eu pergunto: não temos o direito e a liberdade de escolher entre agir com ou sem violência?

Um ligeiro tumulto de vozes conversando paralelamente dominou a reunião. Um pai tomou a palavra e pediu a atenção dos demais.

– Eu acho que a senhora tem razão. Mas isso é muito difícil de ser colocado em prática no dia a dia.

Verinha respirou aliviada e deu um sorriso.

– Você tem razão. Se fosse fácil, certamente nós não estaríamos reunidos aqui para encontrar saídas.

Entenda um pouco mais

Liberdade de escolher

Difícil realidade a do ser humano: viver entre a liberdade de poder escolher e os limites a ele impostos pelo seu próprio corpo, pelo meio ambiente e pela cultura do lugar onde vive.

Sua vontade, seu desejo e sua liberdade são cerceados, mas, ainda assim, ele tem o direito de escolha e de decisão. A cada escolha compete a ele a responsabilidade pela decisão.

Diferente do animal, que age por instinto, o ser humano tem a possibilidade de pensar antes de agir e escolher o melhor caminho para si e para seu grupo. Ele pode, com suas escolhas, construir um caminho de paz.

7. As caras da violência

A professora Yvone, escolhida para falar sobre os tipos de violência, começou:
– Quero mostrar a vocês variadas facetas com que a violência se apresenta...

Fome

Ser privado de alimentos é uma das formas mais cruéis de violência. Ela fere o principal direito de uma pessoa: a sobrevivência.

De fome morre mais gente no planeta do que em guerras.

Muitos brasileiros sofrem desse mal, seja na periferia das grandes cidades, seja no abandono das ruas ou na seca do Nordeste.

Regimes ditatoriais

A ditadura é uma forma de governo em que os poderes estão concentrados nas mãos de uma única pessoa ou de um grupo. Esse poder é mantido pela força.

Até pouco tempo atrás, o Brasil viveu sob uma ditadura. Os militares tomaram o governo e dirigiram por mais de 20 anos os destinos de toda a nação, usando mão de ferro para exercer esse poder.

Violência física

Roubos, assaltos, assassinatos e agressões causam sofrimento às vítimas, sendo inaceitáveis. As pessoas que os praticam assustam, machucam e traumatizam outras pessoas.

No Brasil, crescem a olhos vistos os números indicadores desse tipo de violência. O aumento da pobreza e do desemprego não justifica a violência. Vigilância e justiça devem ser as armas de combate a esse crime.

Falta de assistência médica

A falta de assistência médica é uma forma de violência. Permitir que uma pessoa sofra e até morra por falta de atendimento médico revela o baixo nível de solidariedade entre nós.

Em nosso país, os mais pobres, os que mais precisam, sofrem cada vez mais por causa de um atendimento médico de baixíssima qualidade.

Censura

A censura é a ação de impedir alguém de se expressar livremente. Ela é sempre feita por alguém que ocupa um cargo de poder. A censura é tanto maior quanto maior é o **autoritarismo** de quem está no cargo.

Na época da ditadura militar no Brasil, a censura foi muito forte, principalmente nos meios de comunicação de massa: jornais, rádio e televisão. Esses veículos de comunicação passaram a ser vigiados de perto e a ter muitos de seus assuntos proibidos.

Autoritarismo: forma de poder exercido por uma pessoa ou por um pequeno grupo e mantido pela força.

Um pouco de história

Ditadura no Brasil

Entre 1964 e 1987, o Brasil viveu sob o regime militar. Com um golpe de Estado, usando força física, os militares tiraram do governo o presidente João Goulart.

Durante o período da ditadura, muitos dos direitos da população foram retirados. Entre eles, o direito à liberdade de expressão, ou seja, de expressar livremente ideias e opiniões. Isso é censura. Algumas das formas de censura exercidas pela ditadura foram proibir a publicação de notícias, livros e músicas.

Para se impor sobre a população e obter informações sobre quem era contra a ditadura, os militares usavam força física e tortura.

Em 1988, a entrada em vigor de uma nova **Constituição** colocou fim à ditadura no Brasil. Em 1989, voltaram a ser realizadas eleições diretas para presidente no país.

Manifestação da Campanha Diretas Já, em 1984, pela eleição direta dos governantes.

Constituição: documento que contém as normas fundamentais (direitos e deveres) de uma nação e limita a ação de um governo.

Corrupção

A corrupção é a violência que nós "aceitamos", pois não machuca nem assusta. No entanto, a corrupção é o roubo e o desvio de **recursos públicos** que poderiam ser empregados em educação, saúde, habitação etc., dinheiro que poderia ser usado na construção de um país mais justo, mais solidário, mais digno, mais saudável, mais educado.

No Brasil, é assustador o volume de corrupção praticada principalmente por políticos. Há muitas denúncias e poucas apurações. Quase sempre tudo acaba bem para o corrupto e mal para o povo.

> **Recursos públicos:** bens administrados pelos governantes, que devem ser usados em benefício da população.

Analfabetismo

Analfabeto é quem não sabe ler ou escrever, ou sabe muito pouco. Numa época em que precisamos da palavra escrita para quase tudo, ser analfabeto é sofrer violências.

O Brasil ainda possui milhares de analfabetos jovens e adultos. Há muitas crianças sem vagas nas escolas.

Vandalismo

A destruição de veículos, objetos e espaços públicos é característica da ação dos vândalos. Essa destruição acaba prejudicando quase sempre os mais carentes.

No Brasil, os prédios escolares são grandes alvos da ação de indivíduos violentos.

Violência doméstica

A violência doméstica ocorre dentro da própria família. Geralmente é o marido impondo sofrimento à mulher e os adultos abusando das crianças.

Em nosso país, muitos desses atos de violência são "escondidos" pelas vítimas, por medo de novos sofrimentos e por desconhecimento de onde procurar ajuda.

Drogas

Tudo o que é consumido pela boca, pelo nariz, pelo sangue e altera o equilíbrio, a clareza, a emoção e o raciocínio de uma pessoa é droga. Droga, nesse sentido, é uma droga. Coisa ruim. Faz mal ao corpo, à mente, à alma, à emoção. Desequilibra. Torna a pessoa dependente e capaz de atos violentos e irresponsáveis para conseguir mais droga. Os únicos que levam vantagem com a droga são os traficantes.

No Brasil, cresce o consumo de drogas entre os jovens, principal alvo dos traficantes. Também cresce o número de casos de violência ligados ao tráfico e ao consumo.

Violência sexual

A violência sexual é o abuso cometido por uma pessoa contra outra, usando o corpo da vítima para obter prazer. A maior frequência dessa violência ocorre com mulheres e crianças.

No Brasil, muitos desses episódios viram casos de polícia em razão de sua gravidade. Mas a maioria deles acaba sendo "escondida" pelas vítimas por medo ou vergonha.

Bullying

O *bullying* é uma forma de violência praticada por uma ou mais pessoas contra alguém mais fraco ou fragilizado, incapaz de se defender sozinho, sem ajuda.

A escola é um dos locais onde mais ocorre o bullying *e é na escola que ele deve ser combatido.*

Violência étnica

É o desrespeito de uma **etnia** por outra, à diversidade de culturas. O preconceito baseia-se na ideia de que algumas etnias são superiores.

Etnia: grupo humano com identidade linguística e cultural.

No Brasil, o preconceito étnico é crime previsto em lei.

Entenda um pouco mais

Violência e TV

É impossível, nos dias de hoje, falar de violência sem falar de televisão. É comum afirmar que ela é responsável pelo aumento da violência. Apesar de ser tida por muitas pessoas como verdadeira, essa afirmação é insuficiente. É como se tirássemos dos seres humanos a responsabilidade por suas ações e a transferíssemos à televisão. A TV, de certo modo, reflete a violência que acontece na sociedade.

De qualquer jeito, as emissoras de TV podem e devem empregar esforços para melhorar a qualidade de vida da população. E o telespectador pode e deve exigir uma programação de qualidade ou boicotar programas de "baixo nível". Afinal, o dono do controle remoto é o telespectador!

Momento para reflexão

1 Como é o recreio em sua escola? Imagine-se com uma câmera na mão. O que você filmaria:

a) De mais positivo?

_____
_____
_____

b) De mais negativo?

_____
_____
_____

2 Como você se comporta no recreio? Assinale em vermelho o que você faz com muita frequência, em verde o que faz com pouca frequência e em azul as coisas que você quase nunca faz:

- ☐ conversar sossegadamente
- ☐ gritar
- ☐ correr
- ☐ jogar bola
- ☐ empurrar os colegas
- ☐ não parar quieto
- ☐ mexer com todo mundo

3 "Se todo mundo brinca de modo violento, também posso ser violento nas brincadeiras." Você concorda com isso?

_____
_____
_____

4 Você leu sobre as muitas caras da violência. Conte alguns fatos de que você teve notícia e que podem ser considerados como exemplos dessas caras.

_____
_____
_____

8. Desabafo

— Ufa! Quanta coisa ruim!

— Parecemos mais violentos do que animais selvagens!

— Pois é, nem parece que somos racionais!

— Mas somos. Temos emoções, pensamentos e capacidade de refletir e tomar decisões para melhorar essas coisas.

Fez-se silêncio entre os participantes da reunião. Até que alguém falou:

— Mas, professora, com tanta violência fora da escola, a senhora acha que vai resolver alguma coisa a gente discutir isso aqui?

Silêncio novamente. Todos entenderam bem a pergunta e aguardavam a resposta.

Dona Yvone demorou alguns segundos pensando. Em seguida, respondeu:

— Vou falar bem alto para que ninguém deixe de ouvir.

Ela foi para a frente e disse:

— Se pensasse que as coisas não poderiam ser mudadas, eu não estaria aqui com vocês. Se queremos mudar situações de que não gostamos e fazer um mundo melhor, com mais qualidade de vida para todos, é preciso começar em algum lugar. Por que não aqui?

Um certo brilho de concordância com as palavras da professora tomou conta dos olhos da maioria dos presentes. Sincera em suas palavras, a professora Yvone terminou:

— E tem mais duas coisinhas nas quais eu gostaria que vocês pensassem:

PRIMEIRA

Não somos só nós que tentamos melhorar. Em todo o mundo, há milhares de grupos trabalhando de alguma forma para acabar com a violência. Aqui mesmo, em nossa escola, temos vários relatos de trabalhos de outras escolas com bons resultados.

OU SEJA: NÃO ESTAMOS SOZINHOS NESSE MOVIMENTO.

SEGUNDA

Há coisas bem aqui pertinho que podemos fazer para melhorar nosso dia a dia. Um bom punhado delas podemos começar a fazer imediatamente. Eu falo de atitudes como respeitar opiniões diferentes, obedecer regras comuns, ajudar colegas, conversar sempre procurando a melhor forma de resolver problemas.

OU SEJA: É POSSÍVEL MUDAR COMEÇANDO NO NOSSO DIA A DIA.

? Você sabia?

A Constituição brasileira, nossa lei maior, indica no artigo 5º. que somos iguais perante a lei, que temos direitos invioláveis à vida, à liberdade, à igualdade, à segurança. No artigo 6º., garante, entre outros, nossos direitos sociais: direito à educação, à saúde, ao trabalho, ao lazer, à segurança, proteção à infância, assistência aos desamparados.
Vale a pena conferir e cobrar dos responsáveis o cumprimento do que está na lei.

Constituição da República Federativa do Brasil, Senado Federal, 2013.

As palavras de dona Yvone pegaram bem. Parecia que todos ali se dispunham a fazer alguma coisa para melhorar a situação. Assim que a diretora da escola anunciou o final da reunião, todos se animaram.

– Bem, agora, mãos à obra. Vamos nos dividir em quatro grupos, ler um texto que preparei e apresentar propostas.

Fique por dentro

De onde vem a violência? Onde ela floresce?

A violência parte de pessoas que:
- exploram o trabalho dos outros;
- são gananciosas;
- não dividem o muito que têm;
- acumulam riqueza excessiva;
- se beneficiam de leis feitas para ganhar mais dinheiro.

A violência caminha lado a lado com pessoas que:
- não têm respeito pelos outros;
- não são solidárias;
- querem que a justiça funcione a seu favor;
- são autoritárias;
- não querem dividir o poder;
- são egoístas.

A violência corre solta em um mundo que estimula:
- a competição;
- o individualismo;
- a concorrência;
- o favorecimento;
- mais ter do que ser;
- a desconfiança.

Podemos concordar ou discordar de algumas dessas afirmações. Mas, uma coisa é indiscutível: por trás de toda violência costuma estar o baixo valor que se dá à vida.

Só vamos conseguir mudar essa situação quando entendermos que nada é mais valioso do que a vida de uma pessoa.

Um pouco de história

História da violência no Brasil ou violência na história do Brasil

Infelizmente, a história oficial do Brasil registra grandes atos de violência:

1º – A primeira grande violência foi contra os indígenas que aqui viviam. Pouco a pouco, eles foram sendo dizimados e perdendo sua terra, sua gente, sua história.

2º – A escravidão dos negros africanos, comprados para trabalhar na lavoura, é outra mancha na história brasileira. Aqui, os negros foram tratados a pau, ferro, fogo, fome, prisão e trabalho excessivo. Viveram em condições precárias e, com frequência, foram submetidos à tortura.

3º – A ditadura militar, que existiu no país a partir de 1964, foi responsável pelo desaparecimento de muitos brasileiros. Em nome da "ordem e progresso", os militares prenderam, torturaram e mataram estudantes, políticos, artistas e jornalistas.

4º – Ao longo de toda a história, a violência contra os pobres, mulheres, negros, crianças e indígenas tem a cara da fome, do desemprego, da falta de assistência médica, da corrupção, do autoritarismo, da falta de moradia, da insegurança, do pouco valor que se dá à vida.

J. B. Debret. 1834. Coleção particular

MOVIMENTOS CONTRÁRIOS

É preciso lembrar, entretanto, que, ao mesmo tempo em que há violência, surgem movimentos contrários a ela. Os abolicionistas, as ONGs, o grupo Brasil Nunca Mais, o Movimento pela Anistia, o Movimento dos Trabalhadores Sem Terra, as campanhas da fraternidade, as fundações e as associações em prol do bem-estar comum vão fazendo história, defendendo a seu modo uma vida melhor para o povo.

Manifestação do Movimento dos Trabalhadores Sem Terra (MST), em Marabá (PA), 2011.

Tarso Sarraf/Folhapress

9. Alguns modos de construir a paz

A discussão nos grupos foi intensa. As duas "coisinhas" de que a professora Yvone falara estavam presentes nas conversas.

No calor das discussões, alguém ainda lembrou que:

> NÃO BASTA TER UMA BOA PROPOSTA: É PRECISO COLOCÁ-LA EM PRÁTICA.

Lá pelas tantas, os grupos foram convidados a apresentar as propostas.

Um de cada vez, por meio de seu porta-voz, os quatro grupos apresentaram o resultado de sua discussão. Beth e Verinha fizeram anotações. Ao final, elas tinham uma síntese das melhores propostas.

– Vamos apresentar um resumo do que foi discutido pelos grupos. Dentre as propostas escolheremos qual ou quais colocar em prática, certo?

> O que pode ser feito na sua escola para construir uma cultura de paz, que nasça na escola e se estenda à comunidade escolar, ao entorno da escola, ao bairro? Como colocar essa proposta em prática?

Ao final da reunião, os participantes escolheram duas propostas para colocar em prática imediatamente: o recreio monitorado e a tarefa cidadã.

Recreio monitorado

Pessoas disponíveis podem supervisionar as atividades dos alunos no recreio e promover, nesse momento, brincadeiras e jogos não violentos.

Um grupo de alunos escolhido pelos colegas pode ter a função de evitar a violência no recreio.

Caixas de som podem ser instaladas no pátio para se ouvir música.

Mensalmente pode ser escolhida a "classe mais tranquila".

Entenda um pouco mais

No ano 2000 um manifesto por uma cultura de paz e não violência foi assinado por um conjunto de líderes mundiais. Conheça os compromissos assumidos nesse documento:

1. respeitar a vida
2. rejeitar a violência
3. ser generoso
4. ouvir para compreender
5. preservar o planeta
6. redescobrir a solidariedade

Extraído do site: <www.comitepaz.org.br/o_manifesto.htm>. Acesso em: 13 jan. 2014.

O ex-presidente da África do Sul, Nelson Mandela, foi um dos primeiros líderes a assinar o documento.

Tarefa cidadã

Pode-se criar um "arquivo de tarefas cidadãs", ou seja, atividades a serem desenvolvidas por alunos violentos. Essas atividades poderiam ser: ajudar colegas nas tarefas escolares, escrever redações sobre cidadania, ajudar instituições carentes, organizar campanhas de solidariedade.

Todos ali presentes sabiam que a empreitada não seria fácil, mas agora sentiam-se mais seguros, pois tinham um plano traçado e responsabilidades assumidas. Precisavam apenas arregaçar as mangas.

Momento para reflexão

1 A professora está certa quando diz que podemos mudar as coisas começando pelo nosso dia a dia? O que você pode mudar no seu dia a dia para promover a paz?
_____
_____

2 Em sua opinião, refletir sobre os desafios da vida em sociedade deve fazer parte das lições da escola?
_____
_____

3 Violência não combina com o quê? Circule no quadro.

> competição   solidariedade   cooperação   exploração
> ganância   injustiça   desrespeito   gente bruta e autoritária

4 Qual é o nosso maior tesouro, nosso maior bem, aquilo que vale mais que tudo?
_____

5 Infelizmente, as "caras da violência" sempre estiveram presentes em nossa história. Assistindo aos noticiários de televisão, você fica sabendo de muitos atos de violência. Cite um deles que você tenha ouvido recentemente.
_____
_____
_____

6 Você conhece algum grupo de pessoas que trabalha pela paz, contra a violência ou que ajuda as vítimas da violência? Cite qual/quais você conhece.
_____
_____

7 O que você achou da ideia do recreio monitorado? Você tem mais sugestões para um recreio mais pacífico?
_____
_____

10. Uma tarefa cidadã

Nos dias seguintes à reunião, a escola ficou alvoroçada. Todo mundo comentando as propostas.

Na classe da professora Yvone não foi diferente.

A conversa rolou, foi e voltou, até chegar na briga de Alex e Marquinhos.

— Se vamos mudar nosso comportamento, precisamos começar do lugar onde estamos, não é, Alex e Marquinhos?

Os dois meninos, pouco à vontade, concordaram.

— Pois então eu tenho a primeira tarefa cidadã para vocês.

Todos conhecem a Casa da Criança da Tia Ermínia, que fica ali na Rua Padre Chico. Sabemos das muitas dificuldades por que passam as crianças que moram lá.

A tarefa de vocês será promover uma campanha de doação de livros para implantar uma biblioteca na Casa da Criança. Vocês têm uma semana para realizá-la e podem pedir ajuda se necessário.

Os dois meninos receberam a tarefa sem reclamar. Ao contrário, estavam com muita vontade de trabalhar. Prestavam atenção em cada palavra da professora. O resto da classe também. O coração de dona Yvone bateu mais forte. Desejava melhorar as coisas, começando ali em sua classe, com aqueles dois meninos.

Bibliografia

ASSIS, Simone Gonçalves et al. (org.) *Impactos da violência na escola: um diálogo com professores*. Rio de Janeiro: Ministério da Educação/Fiocruz, 2010.

AZEVEDO, J; HUZAK, Iolanda e PORTO, Cristina. *Serafina e a criança que trabalha*. São Paulo: Ática, 1996.

BRASIL. *Constituição da República Federativa do Brasil*. 1988.

BRASIL. Secretaria de Educação Fundamental. *Parâmetros curriculares nacionais: terceiro e quarto ciclos: apresentação dos temas transversais*. Brasília, MEC/SEF, 1998.

BRASÍLIA. Ministério da Educação, Secretaria da Educação a Distância. *Direitos Humanos* (Cadernos da TV Escola), 1999.

BRASÍLIA. Ministério da Justiça. *Estatuto da Criança e do Adolescente*. Lei n.° 8.069, de 13/6/1990.

DECLARAÇÃO Universal dos Direitos Humanos.

DIMENSTEIN, Gilberto. *Aprendiz do futuro: cidadania hoje e amanhã*. São Paulo: Ática, 1997.

DREW, Naomi. *A paz também se aprende*. São Paulo: Gaia, 1990.

KUPSTAS, Márcia (org.). *Violência em debate*. São Paulo: Ática, 1997.

PEDROSO, Regina Célia. *Violência e cidadania no Brasil: 500 anos de exclusão*. São Paulo: Ática, 1999.

REVISTA *Educação*. São Paulo: Segmento, n. 227, mar. 2000.

REVISTA *Nova Escola*. São Paulo, Fundação Victor Civita, n. 125, set. 1999.

SERRÃO, Margarida e BALEEIRO, Maria Clarice. *Aprendendo a ser e a conviver*. São Paulo: FTD, 1999.

SOUZA, Sonia M. Ribeiro de. *Um outro olhar: Filosofia*. São Paulo: FTD, 1995.